Theodora Papanagnou

Laute Buchstaben und lustige Sätze

Sprachspiele für zu Hause und für unterwegs

trainmedia

FÜR ELTERN UND PÄDAGOGEN

Herausgeber:
trainmedia GmbH
Redaktion des WORTSPIEGEL, Fachzeitschrift der LOS

Zeichnungen: Theodora Papanagnou

Medien- und Verlagsgesellschaft
Satz und Gestaltung:
Eberhard Aurich, trainmedia GmbH Berlin
Digital-Druck: KOPIE+DRUCK Richter, Media-City Berlin
ISBN 3-933699-21-5

Ein Vorwort für Eltern

Vor einiger Zeit kam eine Mutter zu mir in die Sprechstunde, deren Tochter seit einem halben Jahr das LOS Freiburg besuchte. Sie versicherte mir, dass ihre Tochter sehr gerne zum außerschulischen Förderunterricht ins LOS käme und dass sie inzwischen Spaß am Schreiben gefunden habe. Nun wolle sie als Mutter den Lernprozess auch zu Hause unterstützen und suche deswegen meinen Rat. Solle sie vielleicht die Tochter einen kurzen Text abschreiben lassen? Oder ihr jeden Tag einen kleinen Text diktieren? Und wäre das nicht auch eine gute Übung für die Ferien? Was wäre sinnvoll?

Mit diesen Fragen der Eltern werde ich häufig konfrontiert. Meine Antwort darauf lautet: „Lassen Sie das Üben von Diktaten zu Hause sein und spielen Sie lieber mit Ihrem Kind Wort- und Sprachspiele." Doch warum die Empfehlung zu spielen statt zu lernen? Wie soll das Kind sich dadurch verbessern?

Seit vielen Jahren findet eine heftige Diskussion unter Lehrern, Fachdidaktikern und Lehrplanautoren über den Sinn und die Ziele des Diktateschreibens statt. Das wichtigste Argument für das Diktateschreiben ist immer noch, dass damit eine Lernziel- und Leistungskontrolle im Rechtschreiben durchgeführt werden kann. Obwohl ich nicht in die Diskussion über Sinn und Unsinn des Diktateschreibens einsteigen will[1], möchte ich die Ergebnisse von Erika Brinkmann zitieren: Sie kam nach der Auswertung von Untersuchungen zu dem Schluss, dass „(...) das Schreiben von Klassendiktaten weder als Übungs- noch als Prüfungsform für das Rechtschreiblernen besonders sinnvoll ist und (...) es zu keinem messbaren Erfolg in der Entwicklung der Rechtschreibkompetenz führt" (BRINKMANN, 2004, S. 11). Falko PESCHEL fand heraus, dass die Rechtschreibfähigkeit nicht nur durch Üben erworben wird, sondern auch „durch beiläufige, implizite Musterbildung im regelmäßigen, bewussten Umgang mit der Schrift" entsteht (zit. nach BRINKMANN, S. 11). Einen bewussten Umgang mit der Schrift verbunden mit dem Faktor Spaß bietet das Lernspiel mit Lauten, Silben, Wörtern, Texten – also das Sprachspiel.

Wie funktioniert das Lernen?

Das menschliche Gehirn ist in der Lage, mehrere Informationseinheiten gleichzeitig aufzunehmen. Die Anzahl dieser Einheiten (chunks[2]) ist auf fünf bis acht beschränkt, d. h. das menschliche Gehirn kann sich 5–8 Dinge merken und für eine kurze Zeit behalten. Wenn ein Kind sich Wörter merken soll, die nur mit -i- geschrieben werden, kann es sich diese wie folgt merken: „Die Wörter Rosine, Praline, Mandarine, Sabine, Cousine, Gardine schreibe ich nur mit -i-". Schon hat das Kind sechs Einheiten gebraucht, der Gehirnspeicher ist fast voll. Leider kann die Anzahl der Informationseinheiten nicht erhöht werden, aber deren Fassungsvermögen kann vergrößert werden. Statt die sechs Lernwörter einzeln zu lernen, kann man aus ihnen ein Gedicht machen und dieses Gedicht in einer Informationseinheit speichern: „Meine Cousine heißt Sabine, wohnt hinter der blauen Gardine, isst ihre Mandarine nur mit einer Praline und kriegt Juckreiz von der Rosine." Nach diesem Prinzip funktionieren alle Eselsbrücken wie „Wer nämlich mit -h- schreibt ...".[3] Für diese Art des Einprägens eignet sich ein Sprachspiel hervorragend.

Auch für einen weiteren Aspekt des Lernens ist ein Sprachspiel sehr gut geeignet. Die Lebensdauer einer Informationseinheit ist sehr kurz, ca. 20 Sekunden. Damit also das Gelernte im Gehirn dauerhaft abrufbar bleibt, muss es fest verankert werden. Zu dieser festen Verankerung gelangt man nur durch Üben, d. h. durch die Wiederholung. Je häufiger etwas wiederholt wird, desto höher ist jedes Mal der Grad der Automatisierung. Durch die gesteigerte Automatisierung wird das Gehirn entlastet, es werden weniger Aufmerksamkeitsressourcen verbraucht. Die frei gewordene Aufmerksamkeit kann auf andere, noch unsichere Bereiche gelenkt werden. Auf diesen Grundprinzipien des Lernens basiert die Förderung im LOS. Es werden kleine Lernschritte mit vielen Wiederholungen gemacht, bis das Gelernte gefestigt und automatisiert ist. Und innerhalb jeder Lerneinheit werden Sprachspiele eingesetzt. Erst dann folgt die nächste Lerneinheit.

Was ist ein Sprachspiel?

Im Unterschied zum Lernen ist beim Sprachspiel der Umgang mit den Elementen der Sprache (Laute, Buchstaben, Silben, Wörter, Satzteile, Sätze) in Wort und Schrift spielerisch. Dies erlaubt sowohl ein Reflektieren über die Sprache als auch einen fantasievollen und kreativen Umgang mit ihr. Der Zugang zur Sprache erfolgt sowohl kognitiv-intellektuell als auch sozial und emotional.

Der Unterschied zwischen Spiel und Sprachspiel liegt darin, dass beim Spiel sowohl Lernen als auch Inhalte dem Zufall und dem spontanen Interesse der Spielenden überlassen werden, dem Sprachspiel dagegen liegen klare Lernziele zugrunde.[4]

Wozu sind Sprachspiele gut?

Im Spiel werden intellektuelle Fähigkeiten geübt, stark verknüpft mit emotionalen und sozialen Kompetenzen. Verbunden mit dem Spiel sind die Gefühle der Freude, der Zwanglosigkeit und der Freiheit, jederzeit mit dem Spiel aufhören zu können. Wiederholungen sind beliebig oft möglich, so lange, wie sie einem Spaß machen, bis zur Perfektion. Die meisten der Schüler, die das LOS besuchen, kommen zu uns mit dem Gefühl, „dumm" zu sein, versagt und die Eltern enttäuscht zu haben. Ihre Frustration ist sehr hoch und ihr bisheriger Lernweg im Fach Deutsch von Misserfolgen geprägt. Um zu guten, stabilen Leistungen im Unterricht zu kommen, müssen sie lange konzentriert arbeiten und ihre Hoffnung auf einen schnellen Erfolg aufgeben. Das Sprachspiel bietet ihnen die Chance, schneller Erfolgserlebnisse zu haben, ihr Selbstwertgefühl wird gestärkt. „Jeder der Mitspieler kann aktiv werden, keiner gerät in die Rolle des Außenseiters. In der Kleingruppe sind alle gleichermaßen sozial integriert ..." (POHL/POHL, 2005, S. 4). Das bedeutet Anerkennung vor sich selbst und vor der Gruppe. Dadurch ist das Sprachspiel eine das Selbstbewusstsein fördernde Hilfe auf dem mühsamen Weg vom Misserfolg zum Erfolg. Auch die Abneigung gegenüber dem Üben wird durch den Lust fördernden Teil des Sprachspieles gemindert, die positivere Einstellung wird auf das Lernfach Deutsch übertragen.

Lernen die Kinder durch Sprachspiele denn überhaupt?

Ulrike Hoge hat sich in ihrer Dissertation mit dem Sprachspiel beschäftigt und beobachtet, dass „diejenigen Schüler, die den Sachverhalt ‚langes -i- ohne Kennzeichnung' spielerisch geübt hatten, ihn auch nach drei Wochen besser behalten hatten als die Kontrollgruppe" (Hoge, 1998, S. 282–283). Dabei muss hier ein wichtiger Aspekt festgehalten werden: Nach MERTENS und POTTHOFF (2000, S. 8) bedarf der Umgang mit Sprachspielen „im Nachhinein auch der Reflexion, um das oft flüchtige Moment der Erkenntnis zu sichern bzw. festzuhalten". Dies betrifft allerdings in erster Linie den Einsatz im LOS/Unterricht und nicht zu Hause. Im LOS dienen Spiele dem Einstieg in den Unterricht oder aeiner Beendigung. Wir wiederholen im Förderunterricht den Stoff und kontrollieren den Leistungsstand der Kinder. Wir betten die Spiele nach lerntheoretischen und pädagogisch-psychologischen Erkenntnissen in das Unterrichtsgeschehen ein. Für die Auswahl der Spiele zu Hause sind diese Überlegungen jedoch nicht von großer Bedeutung, hier soll der Lustfaktor (das Kind spielt gerne „Alle Vögel fliegen hoch") zusammen mit einem thematischen Schwerpunkt (Lernen, dass Hauptwörter großgeschrieben werden) das Geschehen bestimmen.

Welche Bedingungen müssen vorhanden sein, damit das Sprachspiel in der Familie gelingt?

Folgende Rahmenbedingungen sind wichtig:

- **Innere Ruhe Ihrerseits:** Wenn Sie ein Spiel mit Ihrem Kind anfangen, vergewissern Sie sich, dass Sie innerlich ruhig sind. Kein Arbeits- oder familiärer Stress dürfen in das Spiel einfließen, Fehler des Kindes dürfen nicht Blitzableiter für Ihren inneren Druck sein, Ihr Kind leidet sehr darunter. Eine sehr gute Zeit dafür ist die Urlaubszeit. Viele Eltern glauben, dass die Kinder im Urlaub für die Schule lernen sollten. Ich glaube das nicht. Ferien müssen auch für Kinder eine Auszeit bedeuten. Überlisten dürfen Sie sie natürlich. Spielen Sie mit Ihrem Kind Sprachspiele.

- **Lust am Spielen vonseiten aller Spielenden:** Es widerspricht dem Gedanken des Spiels, wenn Sie Ihr Kind dazu zwingen, etwas zu spielen. Es soll ihm ja Spaß machen und ihm helfen, weniger Angst vor der Sprache und letztlich vor dem Fach Deutsch zu haben. Druck oder Hinweise wie „Wir werden jetzt etwas zur Wiederholung spielen, damit du morgen ein besseres Diktat schreibst" sind kontraproduktiv. Üben Sie zuerst z. B. mit der Lernkartei oder der WORTKISTE[4] die zu lernenden Wörter. Hinterher können Sie mit einem Spiel das Gelernte wiederholen.

- **Gewinnen:** Räumen Sie beim Spielen Ihrem Kind „Gewinnchancen" ein. Das Ziel des Sprachspiels ist ja schließlich, dass Ihr Kind positive Gefühlen zur Sprache entwickelt. D. h. Sie dürfen durchaus ab und zu schummeln und Ihrem Kind zu einem Sieg verhelfen. Sollte es aber bei einem Spiel immer nur durch Ihre Hilfe gewinnen können, dann ist wohl das Spiel oder die Stufe, auf der es gespielt wird, noch zu schwierig. Versuchen Sie es mit einem einfacheren Spiel.
- **Äußere Faktoren:** Es gibt Spiele, für die man nur ein paar Minuten braucht, andere wiederum, wie z. B. das Spiel „Stadt-Land-Fluss", dauern länger. Suchen Sie einfach das aus, was zur aktuellen Situation passt. Hier ist es sinnvoll, dafür zu sorgen, dass störende äußere Faktoren wie Telefonate und Besucher ausgeschlossen werden. Es kann bei Ihrem Kind durchaus der Eindruck entstehen, dass Sie nicht bei der Sache sind und diese Tätigkeit nicht ernst nehmen, wenn Sie immer wieder ans Telefon gehen oder nebenbei die Einkaufsliste für den nächsten Tag schreiben. Konzentrieren Sie sich auf Ihr Kind, widmen Sie ihm und dem Spiel Ihre ganze Aufmerksamkeit und zeigen Sie ihm dadurch Ihre Zuneigung.

Muss ich alle Sprachspiele spielen?

Der Effekt für Ihr Kind hängt nicht von der Anzahl der gespielten Spiele ab, sondern von der Freude, die Sie und Ihr Kind beim Spielen empfinden. Betrachten Sie diese Sprachspielsammlung als einen Ideengeber, den Sie je nach Bedarf nutzen können. Suchen Sie die Spiele aus, die dem Alltag in Ihrer Familie entsprechen und die Ihrem Kind Spaß machen. Es geht ja hier nicht darum, „zu spielen, damit die Deutschnote besser wird", sondern darum, in Ihrem Kind die Freude an der Sprache zu wecken und aufrechtzuerhalten, sein Können und sein Selbstwertgefühl zu steigern und zu stabilisieren.

Welche Sprachspiele werden vorgestellt?

Ich habe solche Spiele aufgenommen, für die man entweder nichts vorbereiten oder nur einen geringen organisatorischen Aufwand betreiben muss. Es gibt auch im Handel viele Sprachspiele wie Letra-Mix oder Scrabble, doch auch ohne Geld auszugeben können Sie mit geringem organisatorischem Aufwand eine vergnügliche halbe Stunde mit Ihrem Kind verbringen. Die Spiele lassen sich im Schwierigkeitsgrad variieren und so dem Leistungsniveau der Kinder anpassen. Alle Spiele sind für das Spielen in einer Gruppe geeignet, wobei man darauf achten muss, dass schwächere Spieler auch eine Chance haben. Sie können beispielsweise zusammen mit einem stärkeren Spieler spielen. Erlaubt und äußerst erwünscht ist das Verändern der Spielregeln und der Spielinhalte. Viele der Spiele können sowohl im Förderunterricht als auch zu Hause gespielt werden, einige sogar während einer Auto- oder Zugfahrt.

Auch für das Spielen der meisten Spiele sind keine umfangreichen Vorkenntnisse nötig: Didaktisch-pädagogische Aspekte sind schon durch die Struktur der Spiele vorgegeben (wo es notwendig war, habe ich Hinweise hinzugefügt). Das sprachliche Niveau überschreitet nicht die elterlichen Rechtschreibkenntnisse, die auch beim Üben eines Diktates erforderlich sind. Gibt es Streitfälle (Kinder sind sehr erfindungsreich, wenn sie gewinnen wollen), hilft nur der Weg zum DUDEN. Auch das Nachschlagen darin ist Training, überlassen Sie es je nach Können Ihrem Kind, Ihnen zu beweisen, dass es das Wort „Ausball" tatsächlich gibt. Bei jedem Spiel, für das Wörter auf Kärtchen geschrieben werden müssen, ist es sinnvoll, dass Ihr Kind diese Wörter sucht und aufschreibt. Allerdings sollte man das Spiel erst am folgenden Tag spielen, damit die Wörter nicht mehr im Kurzzeitgedächtnis gespeichert sind.
Im Anhang finden Sie eine Tabelle mit allen Spielen in diesem Buch, mit deren Hilfe Sie sofort erkennen können, ob das Spiel schriftlich oder mündlich gespielt wird, wie lange es dauert und ob Sie zum Spielen mehr benötigen als Papier und Bleistift.
Spiele, die mit **L** gekennzeichnet sind, sind primär dafür geeignet, dem Kind dabei zu helfen, wenn es Schwierigkeiten mit den Lauten hat, z. B., wenn es g und k verwechselt oder statt Stiefel Stiefl schreibt.

Spiele, die in der Tabelle mit **R** gekennzeichnet sind, sind sehr gut geeignet, um im Bereich des Regeltrainings vorher Gelerntes zu wiederholen.

Spiele, die mit **W** gekennzeichnet sind, trainieren vorrangig die Merkfähigkeit und die Satzbildung.

Und zu guter Letzt einige Begriffserklärungen:

Adjektiv = Eigenschaftswort, Wiewort (Wie ist etwas? gelb, weich, gesellig usw.)

Substantiv = Hauptwort, Namenwort, Nomen (Baum, Katze, Freiheit usw.)

Verb = Tunwort, Zeitwort (wohnen, singen, schreiben usw.)
lautieren = ein Wort wird in seine Lauten (das, was man hört, wenn ein Wort gesprochen wird) gegliedert (Pferd = Pf (und nicht pe ef) – e – r (und nicht -er-) – d (und nicht de); essen = e – s (und nicht es es) – e – n (und nicht en).

Liebe Eltern, vermeiden Sie den Stress mit dem erfolglosen Üben von Diktaten und genießen Sie die Zeit mit Ihrem Kind bei einem Sprachspiel. Bei anhaltenden Rechtschreibproblemen suchen Sie besser nach einer außerschulischen Förderung. Es gibt viele Institutionen und Einzelpersonen, die eine solche Förderung anbieten. Es ist schwierig zu erkennen, wer seriös arbeitet und wer Pseudohilfen anbietet. Damit Sie eine Entscheidungshilfe haben, empfehle ich Ihnen, folgende Broschüre zu lesen: Pädagogische Therapie der Lese-/Rechtschreibschwäche, herausgegeben vom wissenschaftlichen Beirat der LOS (siehe Literaturliste). Darin wird kompakt beschrieben, welche Qualitätsmerkmale eine Förderung erfüllen muss, um erfolgreich zu sein. Informieren Sie sich und fragen Sie in Ihren Gesprächen mit den Institutionen bzw. den Einzelpersonen nach, ob diese Qualitätsmerkmale eingehalten werden. Untersuchungen haben bestätigt, dass nur die Einhaltung dieser Standards zu einem dauerhaften Erfolg führen kann. Und nun wünsche ich Ihnen und Ihrem Kind viel Spaß mit den Sprachspielen und viel Erfolg im Förderunterricht.

Theodora Papanagnou

Anmerkungen

1 Informationen darüber finden Sie in der Zeitschrift Grundschule, Heft 1/2004 und Heft 9/2004.

2 Chunk ist der Fachbegriff für diese Einheiten. Das Wort kommt aus dem Englischen und bedeutet so viel wie „Klumpen".

3 Eselsbrücken finden Sie im Buch von Dr. Irene KÖHLER „Mein unsichtbarer Freund", herausgegeben von trainmedia.

4 Die WORTKISTE von trainmedia ist eine Art elektronischer Karteikasten. Sie wird in der Förderung in den LOS-Instituten eingesetzt und ist im freien Handel unter der ISBN 3-933699-01-0 erhältlich.

5 Lehrer und andere Pädagogen seien auch auf das Buch von Inge und Jürgen POHL hingewiesen, in dem auf die Intentionen und pädagogischen Möglichkeiten von Sprachspielen im Hinblick auf Schüler mit Lese-/Rechtschreibschwäche eingegangen wird.

Für die Ermutigung und guten Ratschläge zu dieser Sprachspielsammlung bedanke ich mich herzlich bei Michael Fischer (LOS Euskirchen), Ruth Kipper (LOS Bremen), Walter Krug (LOS Saarbrücken), Dr. Jürgen Pohl (LOS Landau), Dr. Petra Stephan (LOS Siegburg), Dr. Michaela Tamme (LOS Erfurt und Sömmerda)

Inhalt

Ein Vorwort für Eltern 3

ABC-Alphabet-aufsagen 13
ABC-Der-längste-Satz 13
ABC-Geschichte 14
ABC-Im-Raum 14
ABC-Jäger 15
ABC-Mein-Bruder-ist 16
ABC-Salat 16
ABC-Schätzmeister 17
ABC-Sätze 18
ABC-Zeitungsspiele 18
Alle Vögel fliegen hoch ... 19
Anagramm 20
Aufgaben-Zirkel 20
Bälle-werfen-Wörter-fangen 21
Bandwurmsatz (nach Piel) 23
Blinde Schrift 23
Buchstaben-Bingo 24
Buchstabenchaos 24
Buchstabenkegel 25
Das Autokennzeichen-Spiel 25
Das lange Wort 26
Das Tunwort-Spiel 26
Der Lautier-Roboter 27
Der lustige Satz 28
Der Ping-Pong-Meister 29
Der verbotene Laut 30
Der vorzügliche Leichnam 31
Die lauten Buchstaben 31
Die Rechtschreib-Frösche 32
Die Schrift von Ur 33
Eckenraten (nach Piel) 34
Eigenschaftswürfel 34
Einer dazu und neu bist du 35
Ein kleines Ratespiel 35
Ein-Mensch-ein-Buchstabe 36
Erzählerwechsel (nach Piel) 36
Fremdwörter-Spiel 37
Gedächtnis-Kim 38
Gefüllte Kalbsbrust 39
Geheimes Labor 40
Kode-Wörter 41
Kofferpacken 42
Nasenschrift 42
Reim-Memory® (nach Petillon) 43
Reihum-Reim 44
Schnellsetzer 45
Schreibstafette 45
Silbenmeister 46
SMS schreiben 47
Sprachwirrwarr 48
Stadt-Land-Fluss 49
Statuen kopieren 50

Inhalt

Steckbrief	51
Versteckte Gesellen	51
Wenn-dann-Spiel	52
Wer-bin-ich-Reime	52
Wie-bin-ich?	53
Wort-im-Wort-Spiel	53
Wörter angeln	55
Wörterbuch-Zirkel	55
Wörter-Fußball	56
Wörter raten	57
Wortkombination (nach Piel)	57
Wortschlange	58
Wortsuchspiel (nach Petillon)	59
Wortverwandlungen	60
Würfel-Wörter-Kette (nach Schneider/Schneider)	61
Würfelspiel	62
Literatur	63
Spieleübersicht	64

ABC-Alphabet-aufsagen

Vorbereitung: evtl. Stoppuhr
Dauer: 5–10 min
Form: mündlich

Einzeln: Jeder Spieler sagt das Alphabet auf, die Zeit wird gestoppt.

In der Gruppe: Das Alphabet wird reihum aufgesagt, der erste Spieler sagt A, der nächste B etc.

Variante: Schwieriger ist es, wenn die Spieler entweder einzeln oder in der Gruppe das Alphabet rückwärts aufsagen müssen.

Ähnliches Spiel: ABC-Im-Raum

ABC-Der-längste-Satz

Vorbereitung: keine bzw. Papier, Bleistift
Dauer: 5–10 min
Form: schriftlich/mündlich

Jeder Spieler bekommt vom Spielleiter einen Buchstaben aus dem Alphabet zugewiesen. In drei Minuten muss er einen grammatikalisch richtigen und sinnvollen Satz bilden, dabei müssen alle Wörter mit diesem Buchstaben anfangen. Gewonnen hat der Spieler mit dem längsten Satz, pro Wort gibt es einen Punkt. Zum Beispiel: Alle alten Ameisen arbeiten am aufgeräumten Arbeitsplatz (= 7 Punkte) – Blaue Bären blasen bunte Ballons (= 5 Punkte).

Variante: Wenn das Spiel schriftlich gespielt wird, werden bei der Bewertung alle falsch geschriebenen Wörter durchgestrichen.

Ähnliches Spiel: ABC-Sätze, ABC-Mein-Bruder-ist

ABC-Geschichte

Vorbereitung: Papier, Bleistift, Blatt mit ABC-Wörtern
Dauer: 15 min
Form: schriftlich

Jeder Spieler erhält 26 Wörter, die mit den Anfangsbuchstaben des Alphabets anfangen. Daraus ist in einer vorgegebenen Zeit eine sinnvolle/lustige/verrückte (...) Geschichte zu formulieren. Sieger ist derjenige, der die meisten Wörter eingebaut hat. Die Wörter dürfen mehrmals benutzt werden, zählen allerdings nur einmal.

Variante bei der Bewertung: Wörter, die falsch abgeschrieben wurden, werden nicht mitgezählt.

Variante: Die Reihenfolge, in der die Wörter eingesetzt werden, muss die des Alphabets sein.

ABC-Im-Raum

Vorbereitung: keine
Dauer: 5–10
Form: mündlich

Ein Spieler stellt sich in den Raum und sagt, welcher Buchstabe er ist. Dann zeigt er auf einen anderen Spieler und weist diesem einen anderen Buchstaben zu. Der zweite Spieler stellt sich entweder vor oder hinter den ersten Spieler, je nach der Position des Buchstabens im Alphabet. Wenn es richtig war, darf er jetzt einen weiteren Spieler und einen Buchstaben bestimmen, der seinen Platz entsprechend einnehmen muss, d. h. vor, zwischen oder hinter den beiden anderen. Wenn jemand einen Fehler macht, muss er eine Runde aussetzen. Die Runde ist zu Ende, wenn es keine Spieler bzw. keine Buchstaben mehr gibt. Bei schwächeren Spielern kann man den Buchstaben auf ein Blatt Papier schreiben und vor sich hin halten.

Variante: Die Spieler versuchen zum Schluss mit den aufgerufenen Buchstaben so viele Wörter wie möglich zu bilden, dabei darf kein Buchstabe mehrmals eingesetzt werden.

Ähnliches Spiel: ABC-Alphabet aufsagen, Ein-Mensch-ein-Buchstabe

ABC-Jäger

Vorbereitung: Karten mit den Buchstaben des Alphabets
Dauer: 5–10 min
Form: schriftlich/mündlich sammeln

Es werden zwei Gruppen gebildet und jede Gruppe erhält die gleiche Anzahl Buchstabenkarten (außer C, Q, X, Y). Jede Gruppe versucht so schnell wie möglich zu jedem Buchstaben einen Gegenstand im Zimmer zu finden und schreibt diesen auf. Gewonnen hat die Gruppe mit den meisten Wörtern.

Variante: Man kann das Spiel erschweren, indem man Wörter aus einem bestimmten Bereich, wie Tiere, Essbares, Schule, suchen lässt.

Variante: Man kann das Spiel erschweren, indem man es mündlich spielt. Die Spieler müssen sich die gefundenen Wörter merken.

Variante: Der Buchstabe kommt im Wort vor, darf aber nicht am Anfang stehen.

Variante bei der schriftlichen Aufgabe: Für jedes gefundene Wort gibt es einen Punkt, wenn niemand sonst etwas zu einem Buchstaben gefunden hat, zwei Punkte, und wenn die Rechtschreibung richtig ist, wird die Punktzahl verdoppelt.

ABC-Mein-Bruder-ist

Vorbereitung: keine bzw. Papier, Bleistift
Dauer: 5–10 min
Form: schriftlich/mündlich

Der erste Spieler fängt mit dem Satz „Mein Bruder ist ..." an und fügt ein Adjektiv, welches mit a anfängt, hinzu. Der nächste Spieler wiederholt den Satz und fügt ein weiteres Adjektiv an, welches mit b anfängt. Verloren hat, wer den Satz durcheinander bringt oder nicht weiter weiß. Er muss eine Runde aussetzen. Schwierige Anfangsbuchstaben wie X, Y, Q können nach Absprache ausgelassen werden. Beispiele: Mein Bruder ist adrett – Mein Bruder ist adrett und bescheiden – Mein Bruder ist adrett, bescheiden und charmant ...

Variante: Wenn das Spiel schriftlich erfolgt, wird bei der Punktvergabe die Rechtschreibung berücksichtigt.

Ähnliches Spiel: ABC-Sätze, ABC-Der-längste-Satz

ABC-Salat

Vorbereitung: Papier, Bleistift
Dauer: 5–10 min
Form: schriftlich

Der Spielleiter nennt Wörter, die aus 5–8 Buchstaben bestehen. Die Spieler müssen die Buchstaben alphabetisch ordnen. Die richtige Reihenfolge bei dem

Wort „Tafel" wäre AEFLT. Sieger ist derjenige Spieler, der das Meiste richtig hat. Man kann auch gegeneinander mit Zeitlimit spielen.

Variante: Es spielen zwei Mannschaften gegeneinander. Jede bekommt einen Stapel an Karten mit Wörtern, den sie abarbeiten muss. Die Wörter werden an die Tafel geschrieben. Gewonnen hat diejenige Mannschaft, die als erste alle Wörter richtig hat.

ABC-Schätzmeister

Vorbereitung: keine
Dauer: 5 min
Form: mündlich

In diesem Spiel geht es darum zu schätzen, wie viele Gegenstände sich mit einem vorgegebenen Anfangsbuchstabenim im Zimmer befinden. Jeder gibt seine Schätzung ab. Der Spieler mit der höchsten Schätzung muss den Beweis antreten und alle Gegenstände aufzählen.

Variante: Der vorgegebene Buchstabe befindet sich innerhalb des Wortes.

ABC-Sätze

Vorbereitung: keine bzw. Papier, Bleistift
Dauer: 5–15 min
Form: schriftlich/mündlich

Der erste Spieler muss einen grammatikalisch richtigen und sinnvollen Satz sagen, dessen einzelne Wörter jeweils mit den Buchstaben des Alphabets anfangen, und zwar in der ABC-Folge. Für jedes Wort bekommt er einen Punkt. Der zweite Spieler muss mit den folgenden Buchstaben weitermachen. Seltene Buchstaben können ausgelassen werden. Sieger ist der Spieler mit den meisten Punkten. Zum Beispiel: Abends brüllt Christian = 3 Punkte. Der emsige Fuchs grinst hässlich = 5 Punkte. Igel klauen Limo meistens nachts = 5 Punkte.

Variante: Die Sätze werden geschrieben. Für jeden Spieler gilt das ABC, es gibt ein Zeitlimit. Nach der mündlichen Überprüfung der Richtigkeit der Sätze wird die Rechtschreibung überprüft. Pro richtig geschriebens Wort gibt es einen Punkt, für falsche Wörter keinen. Derjenige mit dem längsten Satz bekommt 3 Extrapunkte.

Ähnliches Spiel: ABC-Der-längste-Satz, ABC-Mein-Bruder-ist

ABC-Zeitungsspiele

Vorbereitung: Zeitungsseiten, Bleistift
Dauer: 5–10 min
Form: schriftlich

a) Wer kann am schnellsten alle Buchstaben des Alphabets auf einer Zeitungsseite einkreisen?

b) Der Spielleiter gibt ein Wort vor. Wer kann am schnellsten alle Buchstaben dieses Wortes auf einer Zeitungsseite einkreisen? Variante: Wer kann am schnellsten die Silben dieses Wortes einkreisen?

c) Der Spielleiter gibt einen Satz vor. Wer kann am schnellsten die Wörter des Satzes auf einer Zeitungsseite einkreisen?

Variante: Die Spieler kreisen auf der Zeitungsseite die Buchstaben/Silben/Wörter ein und geben die Zeitung weiter. Der jeweisl nächste Spieler muss den Lösungsansatz finden.

Alle Vögel fliegen hoch ...

Vorbereitung: Wörter mit einem bestimmten Rechtschreibphänomen,
Papier, Bleistift
Dauer: 5–10 min
Form: schriftlich/mündlich

In diesem Spiel geht es um die Unterscheidung zwischen zwei Regeln (wie Kürze vs. Länge des betonten Vokals) oder um die Unterscheidung von zwei Lauten (wie die Unterscheidung des Anfangslautes d-t). Es wird vereinbart, dass bei der einen Regel die Hände hochgehoben werden und bei der anderen auf dem Tisch liegen bleiben. Wenn es um die Unterscheidung des Anfangslautes d-t geht, müssen die Hände beim Wort „Tomate" auf dem Tisch liegen bleiben und beim Wort „Düsenjäger" hochgehoben werden. Das Spiel eignet sich sehr gut, um Ausnahmen von Regeln zu üben, wie die Schreibung des betonten Vokals mit -i- oder -ie- (Rosine vs. Biene).

Variante: Im Anschluss an das Spiel werden die Wörter in die Lernkartei oder in die WORTKISTE eingetragen.

Anagramm

Vorbereitung: keine (evtl. Wörter auf Karten)
Dauer: 5–10 min
Form: mündlich

Der Spielleiter schreibt Wörter an die Tafel, deren Buchstaben in der Reihenfolge vertauscht sind. Dabei wird die Groß-Kleinschreibung des Wortes berücksichtigt. Die Spieler müssen das Wort erraten. Wer das Wort zuerst errät, bekommt einen Punkt. Sieger ist der Spieler mit den meisten Punkten. Zum Beispiel steht auf der Tafel „tazeK“, die richtige Lösung ist „Katze“.

Variante: Schwieriger ist es, wenn die Buchstaben in Blockschrift geschrieben werden, wie beim Wort „TOSTETORB“ (Obsttorte), da die Spieler keinen Anfangsbuchstaben als Anhaltspunkt haben.

Variante: Viele Wörter werden mit vertauschten Buchstaben auf Karten geschrieben und diese im Raum verteilt. Wer ein Wort errät, sagt es dem Spielleiter. Wenn es richtig ist, darf er die Karte behalten, wenn es falsch ist, muss er sie zurücklegen.

Aufgaben-Zirkel

Vorbereitung: unterschiedlich je nach Aufgabe
Dauer: 15–30 min
Form: schriftlich/mündlich

Ein Aufgaben-Zirkel besteht aus verschiedenen Stationen. An jeder Station warten auf die Spieler unterschiedliche Aufgaben, die sie lösen müssen. Der Spielleiter kann eine Reihenfolge vorgeben, nach der die Aufgaben gelöst werden müssen. Es ist jedoch auch möglich, dies freizustellen. Je nach Aufgabenart können unterschiedliche Punkte gesammelt werden. Sieger ist der Spieler mit den meisten Punkten.

Vorschläge für Aufgaben: 5 Wörter in Laute gliedern, die Silben von 10 Wörtern bilden, 5 Wörter mit Dehnung suchen, auf einer Zeitungsseite das ABC einkreisen (s. ABC-Zeitungsspiele), aus vertauschten Buchstaben wieder das ursprüngliche Wort zusammensetzen (s. Anagramm), 10 Verben mit dem Anfangsbuchstaben b suchen.

Variante: Nicht der Spielleiter bereitet die Aufgaben vor, sondern die jeweiligen Spieler. Hier wäre es besser, wenn die Spieler in kleinen Gruppen arbeiten.

Bälle-werfen-Wörter-fangen

Vorbereitung: weicher, kleiner Ball
Dauer: 5–10 min
Form: mündlich

Der erste Spieler sagt ein Substantiv und wirft den Ball einem anderen Spieler zu, welcher den Begleiter nennen muss. Wenn er ihn richtig sagt, darf der Spieler jetzt ein neues Substantiv nennen und den Ball einem anderen Spieler zuwerfen. War der Begleiter falsch, darf er nur den Ball zuwerfen. Der Spielleiter muss darauf achten, dass alle Spieler mit Werfen und Fangen drankommen.

Für dieses Spiel gibt es viele Möglichkeiten, hier einige Vorschläge:

a) Der Werfer sagt die Einzahl/den Singular eines Wortes, und der Fänger muss die Mehrzahl/den Plural nennen. Natürlich kann das Spiel in der umgekehrten Reihenfolge (Werfender sagt die Mehrzahl, Fangender die Einzahl) spielen.

b) Der Werfer sagt ein Wort und die erste Silbe davon. Der Fänger sagt die zweite Silbe des Wortes. Wenn das Wort zweisilbig ist, darf jetzt der Fänger ein neues Wort bestimmen und die erste Silbe sagen. Ist das Wort mehrsilbig, wirft der Fänger den Ball dem nächsten Spieler zu. Der Spieler, der die letzte Silbe sagen muss, darf auch das neue Wort bestimmen.

c) Der Werfer entscheidet sich für ein Rechtschreibphänomen und nennt die Aufgabe, z. B. „Ein Wort mit doppeltem -nn-". Der Fänger muss jetzt ein solches Wort sagen, z. B. „Sonne". Jetzt wird er zum Werfer.

d) Der Werfer sagt einen Wortstamm, zum Beispiel -kauf-. Der Fänger muss jetzt ein Wort mit diesem Wortstamm sagen „Verkäuferin". Er wirft den Ball einem anderen Spieler zu, welcher auch ein weiteres Wort nennt „Einkauf". Wenn der Spieler, der an der Reihe ist, sagt, dass es kein passendes Wort mehr gibt, dann darf er einen neuen Wortstamm bestimmen. Fällt jedoch einem anderen doch noch ein Wort mit -kauf- ein, so darf dieser den neuen Wortstamm bestimmen.

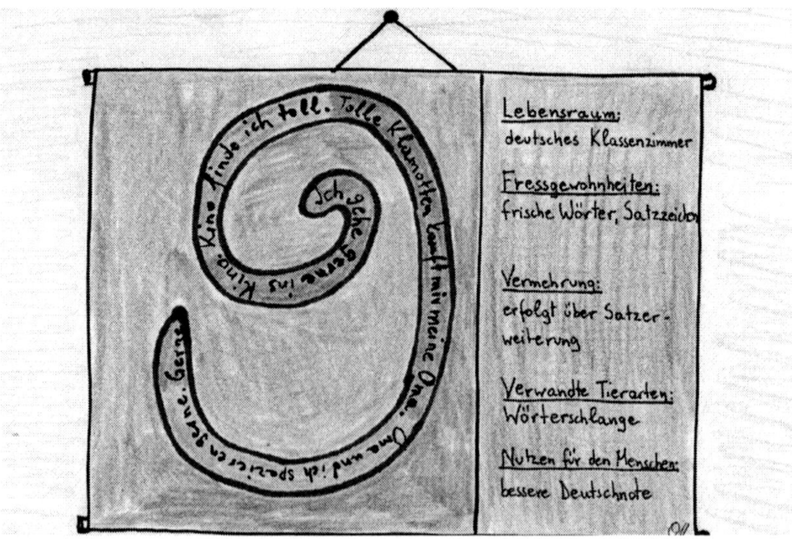

Bandwurmsatz (nach PIEL)

Vorbereitung: keine
Dauer: 5–10 min
Form: mündlich

Ein Spieler sagt einen einfachen Satz. Der Spieler rechts von ihm muss einen Satz sagen, der mit dem letzten Wort des vorherigen Satzes anfängt. Wem nichts mehr einfällt, der scheidet aus. Z. B.: Ich gehe gerne ins Kino. Kino finde ich toll. Tolle Klamotten kauft mir meine Oma.

Ähnliches Spiel: Wortschlange

Blinde Schrift

Vorbereitung: Schal
Dauer: 10–15 min
Form: schriftlich

Ein Spieler ist der Schriftsteller und ein zweiter der Schriftführer. Die Augen des Schriftstellers werden verbunden, er muss ein Wort an die Tafel schreiben. Seine Hand wird vom Schriftführer geführt. Der Spielleiter überprüft die richtige Schreibung des Wortes. Der Schriftsteller muss zum Schluss erraten, welches Wort er geschrieben hat.

Variante: Man bildet zwei Gruppen, Schriftsteller und Schriftführer sind aus der jeweils anderen Gruppe. Wenn der Schriftsteller das Wort richtig errät, bekommt seine Gruppe einen Punkt. Ruft einer aus seiner Gruppe ihm das Wort zu oder gibt ihm Hinweise, dann bekommt die andere Gruppe sofort einen Punkt.

Ähnliches Spiel: Nasenschrift

Buchstaben-Bingo

Vorbereitung: Bücher, Zeitschriften, Papier, Bleistift
Dauer: 5–10 min
Form: schriftlich

Der Spielleiter bestimmt, aus wie vielen Buchstaben (2, 10, 14 ...) ein Wort bestehen soll. Jeder Spieler schreibt versteckt ein Wort, welches aus dieser Anzahl von Buchstaben besteht (am besten benutzt man Bücher als Ideenvorlage). Der Spielleiter schreibt nun wahllos Buchstaben an die Tafel. Jeder, der einen Buchstaben hat, streicht ihn durch. Wer als Erster alle Buchstaben seines Wortes durchgestrichen hat, hat in dieser Runde gewonnen. Wer versucht, dem Spielleiter seine Buchstaben zu sagen, setzt für eine Runde aus.

Variante: Die Wörter weisen ein bestimmtes Rechtschreibphänomen auf, z. B. Dehnungs-h.

Buchstabenchaos

Vorbereitung: keine bzw. Papier, Bleistift
Dauer: 5–10 min
Form: schriftlich

Der Spielleiter schreibt 10–15 Buchstaben durcheinander an die Tafel, darunter sollen einige Vokale sein. Daraus sollen die Spieler ein Wort bilden. Es dürfen keine weiteren Buchstaben hinzugefügt werden. Derjenige, der das längste Wort gebildet hat, hat gewonnen. Dabei muss das Wort richtig geschrieben sein.

Ähnliches Spiel: Wort-im-Wort-Spiel

Buchstabenkegel

Vorbereitung: Papier, Bleistift
Dauer: 5–10 min
Form: schriftlich

Man schreibt die fünf Vokale (a-e-i-o-u) nebeneinander. Der erste Spieler muss ein Wort mit dem Vokal und nur einem Buchstaben dazu bilden. Der zweite ein Wort mit den zwei Buchstaben und noch einem dazu. Dabei kann man die Reihenfolge der vorhandenen Buchstaben verändern. Die Wörter werden untereinander geschrieben, sodass ein Kegel entsteht.

Beispiel:

I	A
in	As
Ina	das
Anis	Sand

Das Autokennzeichen-Spiel

Vorbereitung: keine
Dauer: 5–10 min
Form: mündlich

Während der Autofahrt dienen die Kennzeichen der vorbeifahrenden Autos als Grundlage, um Wörter zu bilden. Aus FR – LP 1111 kann man je nach Regel unterschiedliche Wörter oder auch Sätze bilden. Einen Satz wie „Frauen rauchen lange Pfeifen". Aus BI – LG 1234 kann „Bildung" werden usw. Und mit KA – U 1321 kann ein zusammengesetztes Wort wie Kaugummi entstehen oder ein Satz anfangen wie „Kau nie mit offenem Mund".

Das lange Wort

Vorbereitung: keine
Dauer: 5–10 min
Form: mündlich

Der erste Spieler denkt sich ein Wort aus, sagt aber davon nur den ersten Buchstaben. Der nächste Spieler denkt sich ein Wort dazu aus und sagt dazu den zweiten Buchstaben. Der dritte Spieler nennt einen dritten etc. Wenn man das Wort beendet hat bzw. beenden muss, hat man verloren. Die Spieler können auch bluffen, d. h. einen Buchstaben sagen, obwohl sie kein Wort dazu wissen. Der Bluff kann aufgedeckt werden, wenn der folgende Spieler nach dem Wort fragt. Weiß man keines, muss man aussetzen. Weiß man jedoch eins, muss der Fragende aussetzen. Zum Beispiel H (Hufe) – Hu (Hut) – Hun (Hund) – Hung (Hunger) ...

Das Tunwort-Spiel

Vorbereitung: keine bzw. Papier, Bleistift
Dauer: 5–10 min
Form: schriftlich/mündlich

Ein Spieler gibt ein Substantiv vor, und alle Spieler müssen reihum ein dazu passendes Verb nennen. Wer kein weiteres Verb nennen kann, scheidet aus. Der vorletzte Spieler ist der Sieger der Runde, und er darf das nächste Wort vorgeben. Zum Beispiel: Lampe – einschalten, ausschalten, kaufen, reparieren, (in den Müll) werfen.

Variante: Das Spiel kann auch

schriftlich erfolgen, dabei gibt der Spielleiter ein Substantiv vor. Alle Spieler müssen innerhalb eines vorgegebenen Zeitraums so viele passende Verben finden wie möglich. Beim Vorlesen wird entschieden, ob diese Verben tatsächlich passen, die unpassenden werden durchgestrichen. Der Spieler mit den meisten Wörtern ist der Sieger der Runde.

Ähnliches Spiel: Eigenschaftswürfel

Der Lautier-Roboter

Vorbereitung: keine
Dauer: 5–10 min
Form: mündlich

Ein Spieler ist der Roboter und ein anderer der Programmierer. Die Aufgabe des Programmierers ist es, Wörter zu schreiben. Dabei bedient er sich eines Lautier-Roboters. Der Roboter kennt alle Rechtschreibregeln, d. h., sobald er das zu schreibende Wort hört, weiß er z. B., ob dies groß oder klein zu schreiben ist. Allerdings versteht der Roboter nur Laute bzw. das, was er hört, und dies setzt er in Buchstaben um. Der Roboter hat eine „Korrektur-Taste", die der Programmierer bei Fehlern betätigen kann.

Der Spielleiter gibt ein Wort vor. Der Programmierer fängt an, dem Roboter das Wort zu lautieren. Beispiel: Der Programmierer soll das Wort „essen" schreiben. Der Programmierer sagt „e", der Roboter schreibt „e". Der Programmierer sagt 2x„s", der Roboter schreibt zweimal „s", d. h. auf der Tafel steht e-ss-. So wird das Wort fertig lautiert. Falsch wäre Folgendes: Der Programmierer sagt „e", der Roboter schreibt „e". Der Programmierer sagt „es" 2x. Jetzt muss der Roboter zweimal „es" schreiben, d. h. auf der Tafel steht e-eses-. Der Programmierer hat hier die Möglichkeit zu korrigieren. Es ist ratsam, dass am Anfang der Spielleiter der Roboter ist.

Variante: Man kann die Menge der Korrigiermöglichkeiten pro Spieler begrenzen. Auch ein Wettbewerb zwischen zwei Gruppen ist möglich, dann soll von der ersten Gruppe der Programmierer und von der zweiten der Roboter gestellt werden. Bei der nächsten Runde kommen neue Spieler dran, sodass die Gruppen abwechselnd den Roboter bzw. den Programmierer stellen.

Der lustige Satz

Vorbereitung: lange Sätze, Papier, Bleistift
Dauer: 10–15 min
Form: schriftlich

Der Spielleiter schreibt einen möglichst langen Satz an die Tafel, wobei die einzelnen Satzteile durcheinander geraten sind. Die Spieler versuchen den Satz zu erkennen und ihn richtig zu schreiben. Wer ihn zuerst gefunden hat, ruft Stopp. Sein Satz wird vom Spielleiter überprüft. Stimmt er, dann hat der Spieler gewonnen. Ansonsten darf er weitersuchen, ohne jedoch vom Spielleiter zu erfahren, was falsch ist. Zum Beispiel heißt der richtige Satz: „Die kleine Katze jagte einer grauen Hausmaus mit großen Sprüngen hinterher". Der lustige Satz kann lauten: „einer katze hinterher kleine maus die jagte mit grauen sprüngen großen". Erschwert wird das Spiel, wenn der Satz innerhalb eines Zeitraums, z. B. 3 Minuten, gefunden werden muss.

Variante: Die Spieler schreiben selbst jeweils einen langen Satz nach obigem Muster und tauschen ihre Sätze untereinander aus. Hier ist Partnerarbeit besser.

Der Ping-Pong-Meister

Vorbereitung: keine
Dauer: 5–10 min
Form: mündlich

Die Spieler sitzen in einem Kreis. Der Spielleiter sagt ein Wort, welches lautiert werden soll. Der erste Spieler steht auf, sagt den ersten Laut und bleibt stehen. Dann kommt der nächste Spieler mit dem nächsten Laut usw. Wenn jemand einen Fehler macht, muss er sich wieder hinsetzen und scheidet bei dieser Runde aus. Sobald der letzte Laut genannt wurde, muss der folgende Spieler „Ping" und der nächste „Pong" sagen. Der folgende Spieler ist der Ping-Pong-Meister. Er darf das nächste Wort bestimmen.

Der verbotene Laut

Vorbereitung: Wörter mit einem Rechtschreibphänomen
Dauer: 5–10 min
Form: mündlich

Der Spielleiter nennt einen Laut, den er nicht hören möchte, dieser ist der verbotene Laut. Jedes Mal, wenn er in einem Wort vorkommt, muss er durch etwas anderes ersetzt werden, wie Klatschen oder Grunzen. Dann liest der Spielleiter Wörter vor, solche mit dem verbotenen Laut und einige ohne, und die Spieler lautieren reihum. Wer zu lange zögert oder einen Fehler macht, scheidet für eine Runde aus. Dieses Spiel eignet sich gut für Sprachanfänger bzw. für diejenigen, die Schwierigkeiten haben, bestimmte Laute wie z. B. g-k, p-b zu unterscheiden.

Variante: Die Spieler sagen der Reihe nach Wörter, in denen der verbotene Laut nicht vorkommt. Ein Spieler scheidet aus, wenn er den verbotenen Laut sagt, ein vorher gesagtes Wort wiederholt oder wenn ihm kein neues einfällt.

Variante: Schwieriger wird das Spiel, wenn alle Vokale verboten sind. Möglich ist auch, dass statt eines Lautes ein Rechtschreibphänomen wie das lange -ie- oder das lange -a- ohne Kennzeichnung verboten wird. Hier ist es besonders wichtig, dass man den Spielern auch Wörter ohne das Rechtschreibphänomen bietet. Letztere Variante eignet sich sehr gut, um vorher Gelerntes zu wiederholen.

Ähnliches Spiel: Die Schrift von Ur, Eckenraten, Versteckte Gesellen

Der vorzügliche Leichnam

Vorbereitung: Papier, Bleistift
Dauer:10–15 min
Form: schriftlich

Jeder Spieler nimmt ein Blatt Papier und zeichnet darauf vier senkrechte Spalten. Diese werden überschrieben mit Adjektiv, Substantiv, Verb, Adverb (bei mehr als vier Spielern kommen zusätzliche Spalten wie Zeitangabe und Ort ins Spiel). Der erste Spieler schreibt ein Adjektiv, faltet das Blatt so, dass man es nicht sieht und gibt es weiter. Nach ein paar Runden liest man die entstandenen Sätze laut vor. Je verrückter die Einfälle, desto lustiger ist das Spiel, z. B.: „Kranker Dill raucht niemals".

Variante: Dieses Spiel ist in seiner erweiterten Form auch unter dem Namen „Tante Milli badet" bekannt. Der Spielleiter stellt Fragen. Diese werden schriftlich beantwortet, wobei nach jeder Antwort das Blatt senkrecht geknickt und weitergereicht wird. Die Fragen sind: Wer? Was tut die Person? Wann tut sie es? Wie tut sie es? Mit wem wird es getan? Wo wird es getan? Auch hier werden am Schluss die Sätze vorgelesen.

Ähnliches Spiel: Wenn-dann-Spiel

Die lauten Buchstaben

Vorbereitung: keine
Dauer: 10–15 min
Form: mündlich

Eine Gruppe denkt sich ein Wort aus und teilt jedem Spieler einen Laut zu. Sie tritt gegen eine andere Gruppe an, dabei sprechen alle Spieler fortlaufend und gleichzeitig ihre Laute. Die andere Gruppe versucht das Wort zu erraten. Dabei kann auch ein Zeitlimit gesetzt werden.

Ähnliches Spiel: Sprachwirrwarr

Die Rechtschreib-Frösche

Vorbereitung: keine
Dauer: 5–10 min
Form: mündlich

Die Spieler sammeln Wörter mit kurzem bzw. langem Vokal. Die bekommt der Spielleiter und liest sie langsam nacheinander vor. Hat das Wort einen langen Vokal, machen die Spieler einen langen Sprung, hat es einen kurzen, machen sie einen kurzen Hüpfer vorwärts.

Variante: Wenn es bei den Wörtern um Groß- bzw. Kleinschreibung geht, gehen die Spieler bei der Kleinschreibung in die Hocke, bei der Großschreibung strecken sie sich.

Die Schrift von Ur

Vorbereitung: Papier, Bleistift
Dauer: 10–15 min
Form: schriftlich

Jeder Spieler schreibt ein kurzes Wort ohne Vokale und gibt sein Blatt dem Nachbarn. Jeder versucht die Ur-Schrift ins Deutsche zu „übersetzen“ und schreibt das von ihm geratene Wort dazu. Schwieriger wird das Spiel durch längere Wörter.

Variante: Statt nur Wörter in der Ur-Schrift zu schreiben, kann man ganze Sätze schreiben. Zur Hilfe kann man Bücher nehmen. In dieser Variante wird das Entziffern wesentlich erschwert. Der Spielleiter muss während des Entstehungsprozesses darauf achten, dass richtig abgeschrieben wird.

Ähnliches Spiel: Der verbotene Laut

Eckenraten (nach PIEL)

Vorbereitung: Wörter mit einem bestimmten Rechtschreibphänomen
Dauer: 5–10 min
Form: mündlich

Die Spieler stehen in einer Ecke des Raums. Der Spielleiter stellt Fragen zur Rechtschreibung von Wörtern, wie: „Schreibt man Biber mit -ie- oder ohne?". Wer die Frage richtig beantworten kann, geht eine Ecke weiter. Sieger ist derjenige, der zuerst zu seinem Ausgangsplatz zurückkommt. Das Spiel eignet sich hervorragend, um ein Thema zusammenzufassen bzw. den Kenntnisstand der Spieler zu überprüfen.

Ähnliches Spiel: Wörterbuch-Zirkel, Wörter-Fußball

Eigenschaftswürfel

Vorbereitung: Würfel bzw. Papier, Bleistift
Dauer: 5–10 min
Form: schriftlich/mündlich

Auf die Seiten eines Würfels werden Eigenschaftswörter geschrieben. Der erste Spieler würfelt und muss Gegenstände, Gefühle oder Personen nennen, die die gewürfelte Eigenschaft besitzen.

Variante: Ein Spieler würfelt und liest das Eigenschaftswort laut vor. Alle Spieler müssen in einem vorgegebenen Zeitraum so viele Sätze wie möglich schreiben, in denen das Eigenschaftswort vorkommt. Sieger ist der Spieler mit den meisten Sätzen.

Ähnliches Spiel: Das Tunwort-Spiel

Einer dazu und neu bist du

Vorbereitung: keine
Dauer: 5 min
Form: schriftlich

In zwei Minuten werden so viele Wörter wie möglich gesucht, die durch das Hinzufügen oder Austauschen eines Buchstabens ein ganz anderes Wort entstehen lassen, zum Beispiel Gas-Glas, Turm-Sturm, Luft-Lust.

Ein kleines Ratespiel

Vorbereitung: keine
Dauer: 5–10 min
Form: mündlich

Ein Spieler schreibt ein Wort in Großbuchstaben an die Tafel und deckt es mit einem Blatt Papier ab. Dann verschiebt er das Blatt langsam, sodass das Wort buchstabenweise zu sehen ist. Wer das Wort zuerst richtig errät, darf das nächste schreiben.

Ein-Mensch-ein-Buchstabe

Vorbereitung: große Karten mit je einem Buchstaben des ABC
Dauer: 10–15 min
Form: mündlich

Jeder Spieler bekommt einige ABC-Karten. Der Spielleiter sagt ein Wort, und die Spieler mit den entsprechenden Buchstaben müssen hervortreten und das Wort bilden.

Variante: Statt des Spielleiters ist es ein Spieler, der sowohl das Wort sagt, als auch seine Rechtschreibung überprüft.

Variante: Die Spieler teilen sich in zwei Gruppen, jede Gruppe hat die gleiche Anzahl von Karten zur Verfügung. Jeder Spieler verwaltet einen Teil davon. Der Spielleiter sagt ein Wort, und die Spieler suchen die passenden Karten aus, stehen auf und bilden das Wort. Die schnellere Gruppe, deren Wort auch richtig war, hat gewonnen.

Ähnliches Spiel: ABC-im-Raum

Erzählerwechsel (nach PIEL)

Vorbereitung: keine
Dauer: 10–15 min
Form: mündlich

Die Spieler sitzen im Kreis. Ein Schlüsselwort wie das Wort „und" wird vereinbart. Der Spielleiter beginnt eine Geschichte zu erzählen. Sobald er das Schlüsselwort nennt, darf der Spieler rechts von ihm weitererzählen. Als Schlüsselwort soll ein Wort gewählt werden, das häufig in Erzählungen auftaucht, wie z. B. die Wörter und, dann. Mit diesem Spiel kann das Variieren von Satzanfängen gut trainiert werden.

Fremdwörter-Spiel

Vorbereitung: Fremdwörterbuch, Papier, Bleistift
Dauer: 10–30 min
Form: schriftlich

Dieses Spiel kann von zwei Personen, aber auch in der Gruppe gespielt werden, wobei Letzteres wesentlich lustiger ist.

Partnervariante: Beide Spieler suchen je ein Wort aus dem Fremdwörterbuch aus und lesen sich die Wörter gegenseitig vor, bis jeder eines gefunden hat, dessen Bedeutung dem anderen Spieler unbekannt ist. Jeder Spieler schreibt dann die Erklärung aus dem Wörterbuch ab und erfindet dazu eine zweite falsche Erklärung. Dann tauschen sie die Blätter aus. Wenn der Gegner die richtige Erklärung findet, bekommt er einen Punkt. Hält er die falsche Erklärung für richtig, dann bekommt der Erfinder der falschen Erklärung den Punkt.

Gruppenvariante: Ein Spieler sucht aus dem Fremdwörterbuch einen Begriff aus, den niemand in der Gruppe kennt. Dann schreibt er die Definition des Wörterbuchs ab. Parallel dazu erfindet jeder in der Gruppe eine eigene Definition für diesen Begriff und schreibt sie in deutlicher Schrift auf. Dabei ist es wichtig, dass die falschen Definitionen so ähnlich wie möglich an die Wörterbuch-

sprache angelehnt sind. D. h. die Formulierungsfähigkeit der Spieler ist gefragt, weswegen auch diese Variante des Spieles sich eher für ältere Spieler eignet. Wenn alle fertig sind, geben die Spieler ihre Blätter dem ersten Spieler, welcher alle Definitionen durcheinander vorliest. Jeder in der Gruppe gibt einen Tipp ab, welches die richtige Definition ist. Alle, die auf die richtige Definition getippt haben, bekommen einen Punkt. Wenn jemand eine falsche Definition für die richtige gehalten hat, dann bekommt der Autor dieser Definition den Punkt. Eine Zeitbegrenzung für die Erfindung der Definitionen ist ratsam.

Gedächtnis-Kim

Vorbereitung: Wörter mit einem bestimmten Rechtschreibphänomen, Papier, Bleistift
Dauer: 5–10 min
Form: schriftlich

Der Spielleiter liest 10 bis 15 Wörter zweimal langsam vor. Dann schreibt jeder Spieler die Wörter, die er behalten hat, auf. Dieses Spiel eignet sich sehr gut zum Einprägen von Wörtern, die Ausnahmen von einer Regel sind. Jedes gefundene Wort entspricht einem Punkt. Sieger ist der Spieler mit den meisten Punkten.

Variante: Der Spielleiter schreibt, statt die Wörter vorzulesen, diese an die Tafel. Sie bleiben dort für 2 Minuten stehen, bevor er sie wegwischt. Auswertung wie oben. In beiden Arten des Spiels kann die Komponente der richtigen Schreibung des Wortes hinzugefügt werden, d. h. jedes richtig geschriebene Wort zählt doppelt.

Gefüllte Kalbsbrust

Vorbereitung: Papier, Bleistift
Dauer: 5–10 min
Form: schriftlich

Der Spielleiter sagt ein Wort, das von den Spielern in Druckschrift von oben nach unten geschrieben wird. Parallel dazu, sodass man genügend Platz zum Schreiben hat, wird das gleiche Wort von unten nach oben geschrieben. Jetzt versucht jeder Spieler pro Zeile ein passendes Wort zu finden. Wenn jemand in allen Zeilen ein Wort stehen hat, ruft er „Stopp", und alle müssen aufhören zu schreiben. Auswertung: Für jedes Wort gibt es einen Punkt, wenn sonst niemand in der Zeile etwas gefunden hat, gibt es zwei Punkte. Man kann die Punktzahl jeweils verdoppeln, wenn das Wort richtig geschrieben wurde.

Zum Beispiel:

K	e r z	E	Rechtschreibung richtig = 2 Punkte
A	r b e i t s p l a t	Z	Rechtschreibung richtig = 2 Punkte
T	a	T	Rechtschreibung richtig = 2 Punkte
Z	a h n p a s t	A	Rechtschreibung richtig = 2 Punkte
E	r s c h e c	K	Rechtschreibung falsch = 1 Punkte

Geheimes Labor

Vorbereitung: Papier, Bleistift
Dauer: 15–30 min
Form: schriftlich

Am Anfang sammeln die Spieler 8 Wörter, die „Einzelteile". Aus diesen „Einzelteilen" wird ein „Ding" gebaut, d. h. es wird beschrieben und eine Gebrauchsanweisung angefertigt.

Variante: Es werden 8 Zutaten für ein Gericht genannt, welches die Leibspeise von Kobolden/Hexen etc. ist. Jetzt müssen die Spieler das Rezept dazu schreiben.

Bei dem Spiel geht es darum, die Fantasie der Spieler und ihre Lust zum Schreiben zu erwecken.

Kode-Wörter

Vorbereitung: Papier, Bleistift
Dauer: 10–15 min
Form: schriftlich

Die Buchstaben des ABC werden kodiert. Dazu gibt es viele Möglichkeiten, hier einige Anregungen:

a) gruppiert mit Zahlen: AÄBC = 1, DEF = 2 ...; 112 = Bad

b) rückwärts: A = Z, B = Y ...; YAW = Bad

c) im Dreierabstand verschoben: A = C, B = D ...; BCF = Bad

Ein Spieler schreibt ein kodiertes Wort, die anderen Spieler versuchen den Kode zu knacken. Der Spielleiter muss als Erstes die Rechtschreibung des Wortes überprüfen und dann die Richtigkeit der Kodierung. Bei sehr schwierigen Kodierungen oder falscher Rechtschreibung verlieren die Ratenden schnell die Geduld, der Spaß am Spiel geht verloren.

Kofferpacken

Vorbereitung: Plakat, Zettel, Tesafilm, Papier, Bleistift
Dauer: 5–10 min
Form: schriftlich

Der Spielleiter bestimmt, was in den Koffer gepackt werden soll und darf, und schreibt dies auf das Plakat. Zum Beispiel sollen in den Koffer Wörter mit einer Dopplung gepackt werden. Oder es dürfen nur Wörter mit dem Anfangsbuchstaben a eingepackt werden. Jeder Spieler schreibt die Wörter, die er dazu einpacken möchte, auf Zettel (ein Wort pro Zettel). Wenn das Wort in den Koffer passt, wird es mit Tesafilm darangeklebt. Bei Fehlern wird die Rechtschreibung korrigiert.

Diese Wörtersammlung kann als Ausgangsbasis für andere Spiele dienen, aber auch für ein Wörterdiktat etc.

Nasenschrift

Vorbereitung: keine
Dauer: 5–10 Min
Form: schriftlich

Ein Spieler „schreibt" mit seiner Nase ein Wort in die Luft, die anderen Spieler versuchen dieses zu entziffern. Da das Wort für die Ratenden spiegelverkehrt erscheint, ist es am besten, wenn man zuerst übt, einzelne Buchstaben zu „schreiben" bzw. zu „entziffern". Wer das Wort erraten hat, darf das nächste schreiben.

Ähnliches Spiel: Blinde Schrift

Reim-Memory® (nach PETILLON)

Vorbereitung: Wortkarten
Dauer: 10–15 min
Form: schriftlich

Auf den Karten stehen Wörter, die sich reimen. Am sinnvollsten ist es, wenn die Schüler solche Wörter nach der Bearbeitung von Rechtschreibphänomenen sammeln wie Wörter mit der Endung -ine (Mandarine, Rosine, Cousine ...) und mit der Endung -ieren (studieren, reparieren, rasieren ...). Die Karten von zwei Rechtschreibphänomenen werden vermischt und verdeckt auf den Tisch gelegt. Es wird gespielt nach den Regeln des Spiels Memory. Ein Paar bilden Karten, die zu einem Rechtschreibphänomen gehören, z. B. ein mögliches Paar sind Mandarine–Rosine, aber auch Rosine–Cousine. Sieger ist der Spieler mit den meisten Karten.

Variante: Das Spiel wird schwieriger, wenn mit mehr als zwei Rechtschreibphänomenen gespielt wird.

Reihum-Reim

Vorbereitung: keine
Dauer: 5–10 min
Form: mündlich

Der erste Spieler sagt einen Satz, der zweite muss darauf mit einem Reim antworten. Dann kommt der nächste Spieler, der auch einen Reim bilden muss. Wer nicht mehr weiterreimen kann, muss eine Runde aussetzen. Man kann das Spiel erschweren, indem das Gedicht einen Sinn ergeben muss, das ist aber nicht ratsam, denn dann geht vielleicht der Spaß verloren. Am leichtesten ist das Spiel für die Spieler nach der Bearbeitung eines langen bzw. kurzen Vokals.

Variante: Man kann die Anzahl der Reime begrenzen und den Spielern nur Zweizeiler erlauben. Erster Spieler: „Jeden Tag esse ich Butter", zweiter Spieler: „Das ist mein liebstes Futter". Jetzt darf der dritte Spieler mit einem neuen Zweizeiler anfangen, der aber thematisch dazu passt: „Doch auch ein Ei esse ich gerne", vierter Spieler: „Denn ich lebe in der Ferne".

Schnellsetzer

Vorbereitung: Karten mit den Buchstaben des Alphabets
Dauer: 5–10 min
Form: schriftlich

Jeder Spieler hat einen Kasten mit Buchstabenkärtchen, wobei die Buchstaben mehrfach vorkommen müssen. Der Spielleiter sagt nun ein Wort, und die Spieler versuchen so schnell wie möglich das Wort zu legen. Der schnellste Spieler bekommt einen Punkt. Jeder, der das Wort richtig geschrieben hat, bekommt zwei Punkte. Sieger ist der Spieler mit den meisten Punkten.

Schreibstafette

Vorbereitung: keine
Dauer: 10–15 min
Form: schriftlich

Ziel ist es, einen sinnvollen Satz an die Tafel zu schreiben. Die Schüler werden in zwei Gruppen geteilt. Die Gruppen besprechen kurz, welchen Satz sie schreiben wollen. Dann bilden die Mitglieder jeder Gruppe eine Reihe mit Abstand zur Tafel. Auf Kommando rennen die Ersten jeder Gruppe an die Tafel und schreiben das erste Wort. Dann rennen sie zurück, übergeben dem Zweiten ihrer Mannschaft den Stift und nehmen am Ende der Reihe Platz. Der zweite Spieler schreibt das nächste Wort. Jeder Spieler, der an der Reihe ist, kann, statt das nächste Wort zu schreiben, die Rechtschreibung eines an der Tafel stehenden Wortes korrigieren. Drei Punkte bekommt die Mannschaft, die als erste einen sinnvollen Satz geschrieben hat. Jedes Wort zählt einen Punkt, jedes richtig geschriebene Wort bringt einen zusätzlichen Punkt. Gewonnen hat die Mannschaft mit den meisten Punkten.

Variante: Statt eines Satzes kann man auch Wörter, die einem Rechtschreibphänomen zugehören, sammeln, z. B. Wörter mit dem Laut -ng- oder mit der Endung -ieren. Hier zählt jedes Wort einen Punkt, richtig geschriebene Wörter zählen zwei Punkte.

Silbenmeister

Vorbereitung: keine
Dauer: 5–10 min
Form: mündlich

Der erste Spieler sagt ein Wort mit einer Silbe und klatscht einmal in die Hände. Der Spieler rechts von ihm „antwortet" ihm, indem er ebenfalls ein einsilbiges Wort sagt und die Silbe klatscht. Dann kommt der nächste Spieler dran, bis alle ein Wort genannt haben. Wenn der erste Spieler wieder an der Reihe ist, sagt er diesmal ein zweisilbiges Wort, und das Spiel geht wie oben beschrieben weiter. Wenn jemand kein Wort mehr weiß, setzt er aus. Silbenmeister ist derjenige Spieler, der ein Wort mit so vielen Silben sagt, dass die anderen nicht mehr mitklatschen können.

Variante: Der erste Spieler sagt ein Wort vor, dann klatschen alle die Silben mehrmals im Chor mit. Nach drei Wörtern kommt der nächste Spieler dran. Der Spielleiter soll darauf achten, dass ein Rhythmusgefühl entsteht.

SMS schreiben

Vorbereitung: Papier, Bleistift
Dauer: 5–10 min
Form: schriftlich

Jeder Spieler sucht einen Partner aus, mit dem er SMS tauschen möchte, es können auch Gruppen von 2–3 Spielern sein. Man bestimmt das Thema und, wer anfängt. Themen können solche sein wie „Was hast du gestern Abend gemacht" oder „Ein Kinofilm". Nun schreibt der erste Spieler sein Kürzel und einen auf das Thema bezogenen Satz und gibt ihn seinem Partner, der darauf antwortet und das Blatt zurückgibt. Mehr Spaß macht es, wenn die Partner sich in unterschiedlichen Räumen befinden und der Spielleiter die „Datenleitung" spielt. Damit keine langen Wartezeiten entstehen, kann der erste Spieler auch mit einem zweiten Partner simsen.

Variante: Statt SMS zu schreiben kann man auch chatten. Dann sollte ein dritter Spieler die Funktion des Chatmasters übernehmen und sowohl die Botschaften hin- und hertransferieren als auch deren Inhalt auf Richtigkeit überprüfen. Bei dieser Variante soll man darauf achten, dass die Spieler ihre Rollen wechseln und bedenken, dass durch Kontrolle der Rechtschreibung eventuell der Spaßfaktor verloren gehen kann.

Sprachwirrwarr

Vorbereitung: keine
Dauer: 5–10 min
Form: mündlich

Zwei Spieler verlassen den Raum. Der Rest überlegt sich ein Wort mit mehreren Silben. Nun bildet man so viele Kleingruppen, wie das ausgesuchte Wort Silben hat. Jeder Gruppe wird eine Silbe zugeteilt. Die zwei Spieler werden hereingerufen. Auf ein Zeichen sagen alle Gruppen ihre Silben mehrmals. Die beiden Spieler müssen herausfinden, wie das Wort heißt.

Variante: Statt mit den Silben eines Wortes kann man auch mit Wörtern aus Sprichwörtern spielen. Noch schwieriger wird es, wenn man die Silben der on Wörter eines Sprichwortes ruft, z. B. gen – stund – gold – mor – hat – mund.

Ähnliches Spiel: Die lauten Buchstaben

Stadt-Land-Fluss

Vorbereitung: Papier, Bleistift
Dauer: 15–30 min
Form: schriftlich

Dieses Spiel ist sehr bekannt, deswegen werden hier nur Varianten vorgestellt:

Variante: Man spielt es mit den bekannten Kategorien und der bekannten Benotung. Am Ende jeder Runde überprüft der Spielleiter die Rechtschreibung der Wörter. Die Punktzahl derjenigen Wörter, die richtig geschrieben wurden, wird verdoppelt.

Variante: Man nimmt die bekannten Kategorien. Der Spielleiter gibt vor, dass alle Wörter, die einen langen (oder kurzen) Vokal haben und richtig geschrieben sind, die doppelte Anzahl der Punkte bekommen.

Variante: Statt der bekannten Kategorien nimmt man folgende: Substantiv, Verb, Adjektiv. Denkbar wären auch Kategorien mit Rechtschreibphänomenen wie -tz-, -ck-, -nn-. Zum Beispiel wären richtige Wörter mit dem Anfangsbuchstaben b: Blitz, backen, binnen.

Statuen kopieren

Vorbereitung: keine
Dauer: 15–30 min
Form: schriftlich/mündlich

Ein Spieler ist das Modell/die Vorlage, der zweite Spieler ist der Bildhauer und der dritte Spieler ist der Marmorblock. Der Marmorblock dreht sich um. Das Modell nimmt eine Position ein (sitzend oder stehend) und verharrt in dieser. Jetzt gibt der Bildhauer dem Marmorblock Anweisungen, wie er sich bewegen muss, damit er am Schluss die gleiche Haltung hat wie das Modell. Wenn das erfolgt ist, können die Rollen getauscht werden. Das Spiel erfordert Konzentration und sorgt dadurch für eine ruhige Atmosphäre. Der Spielleiter muss darauf achten, dass die Bildhauer sich präzise äußern und adäquate Formulierungen finden. Für die Marmorblöcke ist das Zuhören und das räumliche Vorstellungsvermögen wichtig.

Variante: Bedeutend schwieriger wird es, wenn die Anweisungen schriftlich erfolgen müssen.

Steckbrief

Vorbereitung: Papier, Bleistift
Dauer: 5–10 min
Form: schriftlich/mündlich

Jeder Spieler beschreibt schriftlich mit 5–8 Wörtern einen Gegenstand, ohne dabei jedoch den gesuchten Begriff zu nennen. Dann liest jeder seine Beschreibung vor. Die anderen Spieler versuchen den gesuchten Begriff zu erraten. Für jede richtige Lösung gibt es einen Punkt, ist der Begriff bei der schriftlichen Version auch richtig geschrieben, gibt es zwei Punkte. Sieger ist der Spieler mit den meisten Punkten.

Variante: Vertreter (nach Baer): Ein Spieler ist der Vertreter. Er preist seinen Gegenstand an, ohne jedoch den Namen zu nennen. Die Gruppe rät, welcher Gegenstand gemeint ist.

Versteckte Gesellen

Vorbereitung: Papier, Bleistift
Dauer: 5–10 min
Form: schriftlich

Es wird eine Buchstabengruppe oder Signalgruppe ausgesucht wie -ell-, -ps-, -ng-, -pf-, -bar-, -ack-, -eck-, -ech- u.a. Jeder Spieler versucht, innerhalb eines vorgegebenen Zeitraums so viele Wörter wie möglich, die diese Buchstabengruppe enthalten, zu finden. Wörter zu der Buchstabengruppe -bar- sind Bart, Bar, essbar, Erbarmen, barmherzig. Sieger ist der Spieler mit den meisten Wörtern.

Variante: Zum Schluss werden alle Wörter durchgestrichen, die die anderen Spieler auch haben.

Ähnliches Spiel: Der verbotene Laut

Wenn-dann-Spiel

Vorbereitung: Papier, Bleistift
Dauer: 10–15 min
Form: schriftlich

Der erste Spieler schreibt auf ein Blatt Papier einen Satz, der mit „Wenn ..." anfängt, und hört vor dem zweiten Satzteil auf. Er faltet das Papier um, sodass der nächste Spieler nichts sehen kann, und gibt es ihm weiter. Dieser schreibt einen Satz, welcher mit „dann ..." anfängt, und gibt das Blatt ebenfalls gefaltet weiter. So geht es reihum weiter, bis jeder etwas geschrieben hat. Zum Schluss werden die Sätze vorgelesen.

Varianten: Der erste Satz ist eine Frage (Warum ...?), die beantwortet wird („Weil ...). Oder: Die Sätze werden getrennt auf Kärtchen geschrieben.

Ähnliches Spiel: Der vorzügliche Leichnam

Wer-bin-ich-Reime

Vorbereitung: Wortkarten, evtl. Klebeetiketten
Dauer: 5–10 min
Form: mündlich

Auf den Karten stehen Wörter, die sich reimen. Die Spieler teilen sich in Paare auf. Jedes Paar bekommt ein Kärtchen, auf dem Wörter, die sich reimen, geschrieben sind (z. B. Futter–Kutter oder Butter–Mutter). Jetzt muss ein Paar aufstehen, und jeder Spieler verrät Eigenschaften seines Begriffes, ohne ihn zu nennen. Sobald jemand aus der Gruppe meint, das Reimpaar erraten zu haben, meldet er sich. Wenn er richtig geraten hat, bekommen er und sein Partner einen Pluspunkt. Hat er falsch geraten, gibt es einen Minuspunkt. Wenn die Wörter erraten wurden, kommt das nächste Paar dran. Sieger ist das Paar mit den meisten Punkten. Beispiel: „Ich werde aus Milch gemacht." – „Jedes Kind hat eine." – „Ich schmecke mit Erdbeermarmelade besonders gut. – „Auch Tierkinder haben eine."

Das Spiel eignet sich sehr gut für die Wiederholung von vorher Gelerntem. Der Lerneffekt ist größer, wenn die Schüler solche Wörter nach der Bearbeitung von Rechtschreibphänomenen selbst schreiben.

Wie-bin-ich?

Vorbereitung: keine
Dauer: 5–10 min
Form: mündlich

Ein Spieler nennt zu einem Wort so viele Adjektive wie möglich, wie rot, knackig, süß, lecker. Die Mitspieler versuchen das Wort zu raten. Derjenige, der es gefunden hat, in dem Fall „Apfel", ist als Nächster dran.

Wort-im-Wort-Spiel

Vorbereitung: Papier, Bleistift
Dauer: 10–15 min
Form: schriftlich/mündlich

Für dieses Spiel gibt es verschiedene Varianten. Dabei ist es bei Version b) und c) möglich, dass auch die Spieler sich Wörter ausdenken und diese der anderen Mannschaft vorlegen.

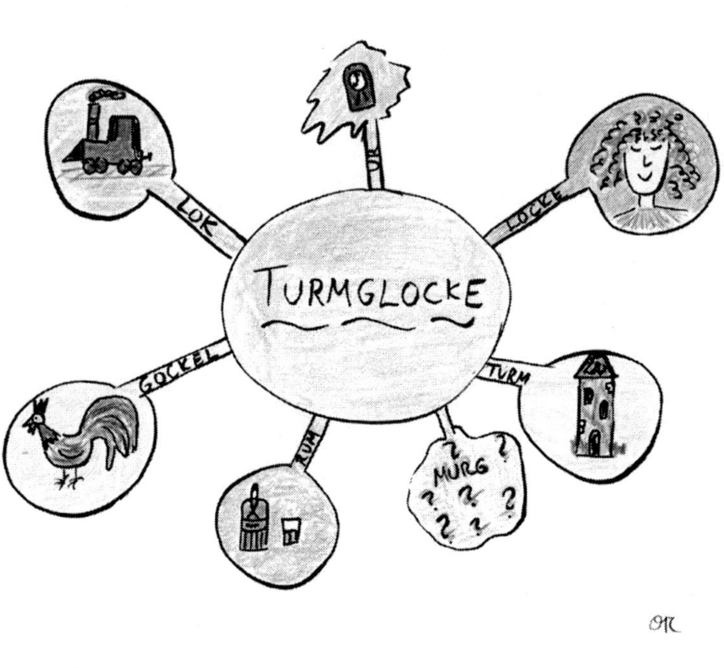

a) Ein Spieler gibt ein kurzes Wort vor. Die anderen Spieler müssen reihum Wörter nennen, die dieses Wort beinhalten. Wer keines mehr weiß, scheidet aus. Zum Beispiel: er – Spieler, Erzählung, Erziehung, Berlin.

b) Schriftliche Version: Der Spielleiter schreibt ein langes Wort an die Tafel (Obsttorte, Turmglocke). Während eines begrenzten Zeitraums suchen alle Spieler in dem vorgegebenen Wort so viele Wörter wie möglich, wobei das Umstellen und Weglassen von Buchstaben erlaubt ist, nicht aber das Hinzufügen. Dann werden die Wörter reihum vorgelesen und dabei diejenigen weggestrichen, die den obigen Regeln widersprechen. Auswertungsmöglichkeiten: Sieger ist derjenige Spieler, der die meisten Wörter hat. Jedes Wort, welches auch ein Mitspieler hat, wird bei allen Spielern durchgestrichen/Sieger ist der Spieler mit den meisten übrig gebliebenen Wörtern. Eine andere Auswertungsmöglichkeit wäre, statt Wörter durchzustreichen, Punkte zu vergeben: Für ein Wort, das auch andere haben, einen Punkt, für alle anderen 2 Punkte.

c) Jeder Spieler bekommt eine Liste mit Wörtern und sucht die darin versteckten Wörter. Wer zuerst fertig ist, ruft Stopp. Dann erfolgt die Auswertung. Zum Beispiel Land – Weste – Stimmung – stellen – Wort ...

Ähnliches Spiel: Buchstabenchaos

Wörter angeln

Vorbereitung: Wortkarten, Spielbrett, Spielfiguren, Würfel
Dauer: 10–15 min
Form: schriftlich/mündlich

Die Spieler fertigen Wortkärtchen an, z. B. mit „Ausnahme"-Wörtern (doppeltes a, langes i ohne Kennzeichnung). Dann braucht man ein Spielbrett. Jeder Spieler erhält eine Farbe. Bei jedem Würfeln muss ein Wortkärtchen gezogen werden und das Wort lautiert/silbiert/geschrieben/gereimt werden. Wenn er es richtig gemacht hat, geht der Spieler so viele Schritte weiter, wie die Augenzahl des Würfels war. Bei Fehlern geht er um diese Zahl zurück. Am besten lässt man die Spieler in Zweiergruppen spielen und setzt für die Erledigung der Aufgabe ein Zeitlimit.

Wörterbuch-Zirkel

Vorbereitung: Wörterbücher
Dauer: 5–10 min
Form: mündlich

An jeder Ecke des Raums stehen ein oder mehrere Spieler. Alle halten das gleiche Wörterbuch – z. B. EIN FUCHS schlägt nach – geschlossen in der Hand. Der Spielleiter sagt ein Wort aus dem Wörterbuch, und alle suchen nach der Seitennummer. Wer (es können auch mehrere sein) es zuerst findet, ruft die Zahl laut in den Raum und darf eine Ecke weiter ziehen. Wer zuerst zu seiner Ecke zurückkommt, hat gewonnen.

Ähnliches Spiel: Eckenraten, Wörter-Fußball

Wörter-Fußball

Vorbereitung: gleiche Wörterbücher, Papier, Bleistift, ein Stein/Magnet
Dauer: 10–15 min
Form: schriftlich/mündlich

Zwei Spieler stellen sich mit einem Wörterbuch (z. B. DUDEN) in der Hand einander gegenüber. Auf das Papier wird ein Fußballfeld gemalt, d. h. zwei Tore und das Mittelfeld. Jeder Spieler hat ein Fußballtor. Der Stein/Fußball wird in die Mitte des Mittelfeldes gelegt. Es wird vereinbart, für wie viele Runden oder ob man auf Zeit spielt.

Der Spielleiter sagt ein Wort, die Seitenzahl, auf der das Wort steht, soll gesucht werden. Derjenige Spieler, der es zuerst gefunden hat, hat gewonnen. Der Ball wird um eine Position in die Richtung des gegnerischen Tores geschoben. Derjenige, der auf diese Art ein Tor erzielt hat, hat gewonnen, es steht 1:0 für ihn.

Variante: Zwei Mannschaften spielen gegeneinander. Alle Spieler haben ein Wörterbuch. Jeder Spieler versucht für seine Mannschaft möglichst schnell zu sein. Alle suchen wie oben nach demselben Wort.

Variante: Die Inhalte des Spiels können variiert werden: Welche Gruppe bildet innerhalb einer Minute einen grammatikalisch sinnvollen Satz, bei dem die Wörter mit dem gleichen Laut anfangen? Wer findet zuerst ein Verb/Substantiv/Adjektiv mit einem bestimmten Laut im An- oder Endlaut? Wenn der Spielleiter möchte, dass alle Spieler einer Gruppe mitmachen, kann er die Aufgabe stellen, dass jeder einzelne Spieler z. B. ein Wort mit Dehnung/Dopplung findet, wobei keines doppelt vorkommen darf. Pädagogisch sinnvoll ist es in diesem Fall, dass die Gruppenmitglieder sich gegenseitig helfen dürfen. Die Mannschaft, deren Mitglieder am schnellsten waren, hat gewonnen.

Ähnliches Spiel: Schreibstafette, Eckenraten, Wörterbuch-Zirkel

Wörter raten

Vorbereitung: Klebeetiketten
Dauer: 5–10 min
Form: mündlich

Es wird in der Gruppe gespielt. Jeder Spieler bekommt einen Zettel auf die Stirn (Klebeetikett), auf dem das zu erratende Wort steht (nach einem Rechtschreibphänomen wie doppeltem -mm- ausgesucht ...). Die Spieler gehen im Raum herum und versuchen durch Fragen herauszufinden, welches Wort auf ihrem Zettel steht.

Variante: Die Anzahl der Fragen, die man stellen darf, ist auf 10 beschränkt. Sie müssen so formuliert sein, dass sie mit Ja oder Nein beantwortet werden können.

Wortkombination (nach Piel)

Vorbereitung: Papier, Bleistift
Dauer: 10–15 min
Form: schriftlich/mündlich

Jeder Spieler notiert sich auf einem Blatt Papier 10 Substantive. Daraus sollen später zusammengesetzte Wörter entstehen. Dann liest der erste Spieler sein erstes Wort vor. Wenn einer der Mitspieler ein Wort hat, welches er vorn oder hinten an das Wort anhängen kann, ruft er es dem ersten Spieler zu. Gibt es das neue Wort wirklich (in Streitfällen DUDEN hinzuziehen), dürfen die beiden Spieler ihr Wort auf dem Blatt streichen. Dann kommt der nächste Spieler mit seinem ersten Wort dran. Gewonnen hat, wer die meisten Wörter von seiner Liste durchstreichen konnte. Zum Beispiel sagt der eine Spieler „Haus" und ein anderer hängt das Wort „Schuh" dran. Verbindungselemente sind erlaubt (Maus–e–loch, Torte–n–stück, Liebe–s–brief).

Variante: Statt Substantiven nimmt man nur Adjektive oder beide Wortarten.

Wortschlange

Vorbereitung: keine
Dauer: 5–10 min
Form: mündlich

Die Spieler sitzen im Kreis. Der erste Spieler sagt ein Wort. Als Nächster ist der Spieler rechts von ihm dran. Er muss ein Wort sagen, das mit dem letzten Buchstaben des Wortes des Vorgängers anfängt. Beispiel: Katze – Esel – Laus – Sonne – Erde. Dabei darf kein Wort zweimal genannt werden, der Spielleiter muss darauf achten. Wenn ein Spieler kein Wort mehr weiß oder ein Wort wiederholt, scheidet er aus.

Variante: Man nimmt statt des letzten z. B. den dritten Buchstaben, um ein neues Wort zu bilden.

Variante: Man spielt nicht mit Buchstaben, sondern mit Wörtern. Der Spielleiter nennt das Anfangswort, und der erste Spieler hängt ein anderes Wort daran, sodass ein zusammengesetztes Wort entsteht. Zum Beispiel laut – lautstark – Starkbier – Bierfahne – Fahnenmast.

Ähnliches Spiel: Bandwurmsatz

Wortsuchspiel (nach PETILLON)

Vorbereitung: Spielplan mit 16 Feldern und Wortkarten
Dauer: 10–15 min
Form: schriftlich/mündlich

In den Feldern des Spielplans stehen 16 Buchstaben. Der erste Spieler deckt die oberste der verdeckt liegenden Karten auf und liest für sich das Wort. Dann tippt er langsam in der richtigen Reihenfolge die Buchstaben des Wortes auf dem Spielplan. Der erste Spieler, welcher das Wort errät, bekommt die Wortkarte. Sieger ist der Spieler mit den meisten Wortkarten.

Variante: Man kann die Buchstaben auf dem Spielplan durch Laute ersetzen.

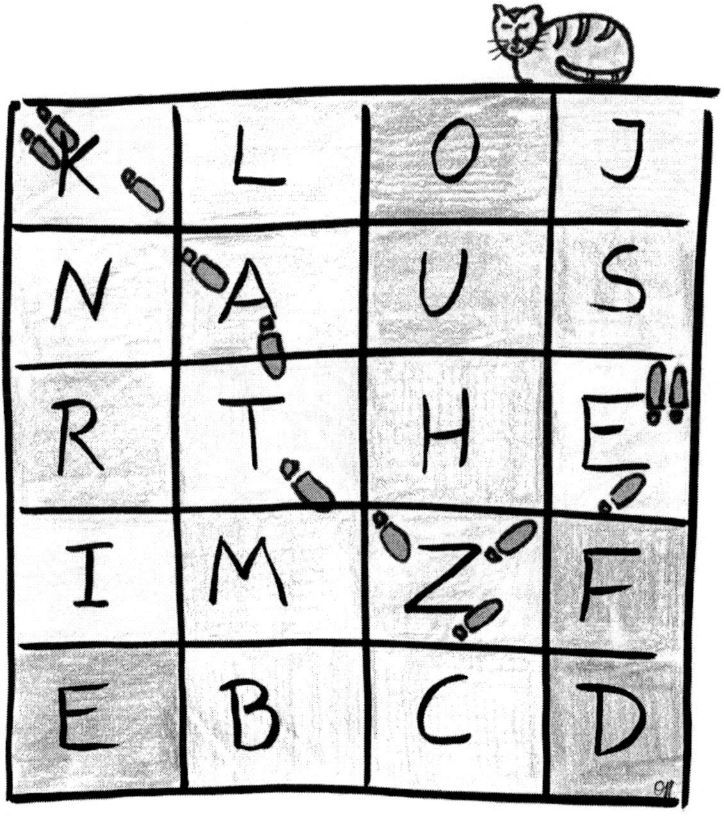

Wortverwandlungen

Vorbereitung: Papier, Bleistift
Dauer: 10–15 min
Form: schriftlich

Der erste Spieler schreibt ein Wort mit 4 oder 5 Buchstaben, z. B. Rind oder Kerze. Der zweite Spieler muss daraus ein neues sinnvolles Wort entwickeln, indem er nur einen Buchstaben vertauscht, z. B. Kind oder Kerne. Wer nicht weiter weiß, scheidet aus. Zum Beispiel Rind – Kind – Kino – Kilo – Silo.

Variante: Jeder Spieler überlegt sich so einen Ablauf und schreibt ihn auf. Dem anderen Spieler sagt er allerdings nur das Anfangs- und das Endwort (evtl. die Anzahl der notwendigen Veränderungen). Beispiel: Das Anfangswort ist „Maut", das Endwort „Gurt", und man benötigt vier Zwischenschritte.

Möglich ist das Spiel auch zwischen Gruppen, wobei diese aus max. 3 Spielern bestehen sollen.

Würfel-Wörter-Kette (nach SCHNEIDER/SCHNEIDER)

Vorbereitung: 2 Würfel pro Gruppe, Papier, Bleistift, Uhr mit Sekundenzeiger für jede Gruppe
Dauer: 10–15 min
Form: schriftlich/mündlich

Die Schüler werden in Gruppen eingeteilt, pro Gruppe wird einer zum Spielleiter bestimmt und erhält eine Uhr. Der Spielleiter soll aus einer anderen Gruppe kommen, um Streitigkeiten über Mogeln auszuschließen. Die Dauer des Spiels wird für alle Gruppen festgelegt (z. B. 8 Minuten) und auch die Zeit, in der ein Wort gesucht werden darf (z. B. 30 Sekunden). Der Spielleiter sagt „A" und leise dann das ABC, ein Spieler sagt „Stopp". Der genannte Buchstabe ist der Anfangsbuchstabe des gesuchten Wortes. Der erste Spieler würfelt (mit einem oder zwei Würfeln bei älteren Spielern). Die Augenzahl ergibt die Länge des gesuchten Wortes. Jetzt sucht er nach so einem Wort, und zwar innerhalb des vorher festgelegten Zeitraums. Der Spielleiter schreibt das gefundene Wort auf ein Blatt Papier. Der zweite Spieler nimmt als Anfangsbuchstaben den letzten Buchstaben des gefundenen Wortes und würfelt wegen der Länge des neuen Wortes. So geht es reihum weiter. Die Gruppe, die innerhalb der festgelegten Zeit die meisten Wörter gefunden hat, hat gewonnen.

Variante: Die gesuchten Wörter sind nur Verben oder nur Wörter mit langem -o-.

Würfelspiel

Vorbereitung: Spielbrett, Spielsteine, Würfel, Papier, Bleistift
Dauer: 10–15 min
Form: mündlich

Es wird ein Spielbrett benötigt, das in zehn Spalten und zehn Reihen unterteilt ist. Darauf werden willkürlich Buchstaben in Druckschrift geschrieben. Achten Sie darauf, dass ausreichend Vokale auf dem Spielbrett vorhanden sind. Buchstaben wie Q, X, Y können weggelassen werden. Jeder Spieler erhält einen Spielstein, den er auf irgendein Feld setzt. Dann würfelt der erste Spieler viermal nacheinander. Jetzt kann er viermal seinen Spielstein um so viele Felder, wie er jeweils Augen gewürfelt hat, bewegen. Die Reihenfolge der Züge ist egal, aber eine eingeschlagene Richtung kann nicht verändert werden. Es ist nicht erlaubt, nur einen Teil der Züge auszuführen oder einen Spielstein während eines Zuges rückwärts zu bewegen. Die Buchstaben auf den Feldern, auf denen der Spielstein nach jedem Zug landet, werden von einem der anderen Mitspieler auf einem Blatt Papier notiert. Das Ziel des Spielers ist, dass die Buchstaben ein Wort ergeben. Dieses Wort wird notiert. Dann ist der nächste Spieler dran.

Punktevergabe: Wenn ein Spieler durch die Reihenfolge der besetzten Felder ein Wort bilden kann, bekommt er 3 Punkte. Wenn er die Buchstaben erst in die richtige Reihenfolge bringen muss, bekommt er einen Punkt. Wenn man die Komponente der Rechtschreibung einbeziehen möchte, kann man bei falsch geschriebenen Wörtern keinen Punkt vergeben.

Es ist empfehlenswert, das Spiel in Zweier-, maximal in Dreiergruppen zu spielen.

Literatur

BAER, Ulrich: 666 Spiele für jede Gruppe, für alle Situationen. Kallmeyer Verlag, 1994.

BRINKMANN, Erika: Schreiben nach Diktat oder selbständig Rechtschreibung lernen? In: Grundschule, Heft 1/2004, S. 11–13.

BÜCKEN, Hajo: Spiel und Spaß am Krankenbett. Für Kinder und die ganze Familie. Falken Verlag, 1987.

DÄSTER, Ernst; ERNST, Karl; SCHMID, Heinz: 10 x 10 Spiele zur Einstimmung. Erle Verlag, 2000 (3).

FIX, Martin: Funktionen des Diktats und Diktatkritik. In: Grundschule, Heft 1/2004, S. 8–10.

FLEMMING, Irene/Fritz, Jürgen: Sprech-, Mal- und Schreibspiele für Grundschulkinder. Matthias-Grünewald-Verlag, 1995.

FLITNER, Andreas: Spielen lernen. Praxis und Deutung des Kinderspiels. Piper Verlag, 1996 (10., überarb. Auflage).

HOGE, Ulrike: Analyse und Entwicklung von Lernspielen nach Erkenntnissen der Verhaltensbiologie und deren Einsatz in der Schule. Heidelberg, 1998.

KÖHLER, Irene: Mein unsichtbarer Freund. Eselsbrücken und Ratschläge. Regeln, Spiele und Übungsformen zur Rechtschreibung. trainmedia, 2001.

MERTENS, Eva; POTTHOFF, Ulrike: Lern- und Sprachspiele im Deutschunterricht. Zusammenwirken von Lernen und Spielen; Spiel zu allen Sprachbereichen; Kopiervorlagen. Cornelsen Scriptor, 2000.

NELLESSEN, Ulrich; HUMPERT, Monika: Mehr Bewegung im Unterricht. Verlag an der Ruhr, o.J.

Pädagogische Therapie der Lese-/Rechtschreibschwäche (Positionspapier). Sonderdruck der Zeitschrift WORTSPIEGEL. trainmedia, 2004.

PETILLON, Hans: Von Adlerauge bis Zauberbaum: tausend Spiele für die Grundschule; eine Spielesammlung. Knecht Verlag, 2000.

PIEL, Alexandra: Sprache(n) lernen mit Methode. 170 Sprachspiele für den Deutsch- und Fremdsprachenunterricht. Verlag an der Ruhr, o.J.

POHL, Inge; POHL, Jürgen: Sprachspiele für die Förderung von Kindern mit Schwierigkeiten im Lesen und Schreiben. trainmedia, 2005.

RINDERLE, Bettina: Fit trotz LRS. Übungen und Strategien für LRS-Kinder. AOL Verlag, 2002.

SCHNEIDER, Karl-Hermann; SCHNEIDER, Renate: Spiele für den Unterricht in den Klassen 5–7. Matthias-Grünewald-Verlag, 2000.

SEILER, Lilo; VÖGELI, Andreas: Lesetraining. Vom Amateur zum Profi. Techniken, Spiele, Tricks. Verlag an der Ruhr, o.J.

Spieleübersicht

Spiel	Seite	Form[1]	L/R/W[2]	5–10	10–15	15–30	Vorbereitung[3]
ABC-Alphabet-aufsagen	**13**	**m**	**L**	■			
ABC-Der-längste-Satz	**13**	**ms**	**L**	■			
ABC-Geschichte	**14**	**s**	**W**		■		
ABC-Im-Raum	**15**	**m**	**L**	■			
ABC-Jäger	**15**	**ms**	**L**	■			
ABC-Mein-Bruder-ist	**16**	**ms**	**L, W**	■			
ABC-Salat	**16**	**s**	**L**	■			
ABC-Schätzmeister	**17**	**m**	**L**	■			
ABC-Sätze	**18**	**ms**	**W**		■		
ABC-Zeitungsspiele	**18**	**s**	**L**	■			■
Alle Vögel fliegen hoch ...	**19**	**ms**	**L**	■			
Anagramm	**20**	**m**	**L**	■			
Aufgaben-Zirkel	**20**	**ms**				■	■
Bälle-werfen-Wörter-fangen	**21**	**m**	**R**	■			■
Bandwurmsatz (nach Piel)	**23**	**m**	**W**	■			
Blinde Schrift	**23**	**s**	**W**		■		■
Buchstaben-Bingo	**23**	**s**	**W**	■			■
Buchstabenchaos	**24**	**s**	**W**	■			
Buchstabenkegel	**25**	**s**	**L**	■			
Das Autokennzeichen-Spiel	**25**	**m**	**W**	■			
Das lange Wort	**26**	**m**	**L**	■			
Das Tunwort-Spiel	**26**	**ms**	**W**	■			
Der Lautier-Roboter	**27**	**m**	**L**	■			

[1] m = mündlich, s = schriftlich, ms = mündlich oder schriftlich

[2] L = Laute, R = Regel, W = Wörter, Sätze, Satzbau

[3] Hinweis nur, wenn mehr als Papier und Bleistift erforderlich

Spieleübersicht

S–iel	Seite	Form[1]	L/R/W[2]	5–10	10–15	15–30	Vorbereitung[3]
Der lustige Satz	28	s	W		■		
Der Ping-Pong-Meister	29	m	L	■			
Der verbotene Laut	30	m	L	■			
Der vorzügliche Leichnam	31	s	W		■		
Die lauten Buchstaben	31	m	L		■		
Die Rechtschreib-Frösche	32	m	R	■			
Die Schrift von Ur	33	s	L		■		
Eckenraten (nach Piel)	34	m	R	■			■
Eigenschaftswürfel	34	ms	W	■			■
Einer dazu und neu bist du	35	s	L, W	■			
Ein kleines Ratespiel	35	m	W	■			
Ein-Mensch-ein-Buchstabe	36	m	L		■		■
Erzählerwechsel (nach Piel)	36	m	W		■		
Fremdwörter-Spiel	37	s	W		■		■
Gedächtnis-Kim	38	s	R	■			■
Gefüllte Kalbsbrust	39	s	W	■			
Geheimes Labor	40	s	W			■	
Kode-Wörter	41	s	L		■		
Kofferpacken	42	s	L, R	■			■
Nasenschrift	42	s	W	■			
Reim-Memory®	43	s	R		■		■
Reihum-Reim	44	m	R	■			
Schnellsetzer	45	s		■			■

[1] m = mündlich, s = schriftlich, ms = mündlich oder schriftlich

[2] L = Laute, R = Regel, W = Wörter, Sätze, Satzbau

[3] Hinweis nur, wenn mehr als Papier und Bleistift erforderlich

Spieleübersicht

Spiel	Seite	Form[1]	L/R/W[2]	5 10	10 15	15 30	Vorbereitung[3]
Schreibstafette	45	s	W, R				
Silbenmeister	46	m	R				
SMS schreiben	47	s	W				
Sprachwirrwarr	48	m	L				
Stadt-Land-Fluss	49	s	R				
Statuen kopieren	50	ms	W				
Steckbrief	51	ms	W				
Versteckte Gesellen	51	s	L				
Wenn-dann-Spiel	52	s	W				
Wer-bin-ich-Reime	52	m	R				
Wie-bin-ich?	53	m	W				
Wort-im-Wort-Spiel	53	ms	W				
Wörter angeln	55	ms	R				
Wörterbuch-Zirkel	55	m	L				
Wörter-Fußball	56	ms	L, R				
Wörter raten	57	m	R				
Wortkombination	57	ms	W				
Wortschlange	58	m	L, W				
Wortsuchspiel	59	ms	L				
Wortverwandlungen	60	s	L				
Würfel-Wörter-Kette	61	s	R, W				
Würfelspiel	62	m	L, R				

[1] m = mündlich, s = schriftlich, ms = mündlich oder schriftlich

[2] L = Laute, R = Regel, W = Wörter, Sätze, Satzbau

[3] Hinweis nur, wenn mehr als Papier und Bleistift erforderlich

EIN FUCHS schlägt nach

Ein Wörterbuch für Kinder

trainmedia

ISBN 3-933699-11-8
Preis: 3,85 EUR

Zu beziehen bei:
trainmedia GmbH
Eberhard Aurich
Pablo-Neruda-Straße 27
12559 Berlin

Zu beziehen bei:
trainmedia GmbH
Eberhard Aurich
Pablo-Neruda-Straße 27
12559 Berlin

ISBN 3-933699-23-1
Preis: 3,70 EUR